바이크, 불멸의 사랑

형상시인선 44 전기웅 시집

바이크, 불멸의 사랑

인쇄 | 2024년 9월 11일
발행 | 2024년 9월 13일

글쓴이 | 전기웅
펴낸이 | 박윤배
펴낸곳 | 잉어등
　　　　42933 대구시 달성군 가창면 가창로 1103번지 2층
　　　　대표전화 (010)9187-1044
　　　　팩시밀리 (053)767-1044
　　　　등록일 | 2023년 7월 17일
　　　　등록번호 | 제2023-000009호
　　　　이-메일 | rudnfvksghk@hanmail.net
책임편집 | 박윤배
교　　열 | 심수자

ⓒ 전기웅, 2024, Printed in Korea
저자와 협의하여 인지를 생략합니다.

ISBN 979-11-984135-6-7 03810

값 11,000원

*이 책의 판권은 저작권자와 잉어등에 있습니다.
*이 책 내용의 전부 또는 일부를 재이용하려면 양측의 동의를 받아야 합니다.

형상시인선 44

바이크, 불멸의 사랑

전기웅 시집

잉어들

2

빗방울 ... 42
그믐달 ... 43
문상 ... 44
동행 ... 46
침수된 도시 ... 47
흉터를 보듬으며 ... 48
철새 ... 50
봄밤의 안부 ... 51
매운 중력 ... 52
감동 ... 53
삶의 무게 ... 54
두류공원에서 ... 55
봄날 ... 56
방황하는 별의 날갯짓 ... 57
불볕 아래의 건축자들 ... 58
여름의 밀애 ... 60
어둠의 춤 ... 61
숲 ... 62
가슴앓이 ... 63
형식의 반란 ... 64

3

교감 ... 66
바이크, 불멸의 사랑 ... 67
붉은 시선 ... 68
동백섬에서 ... 69
연둣빛 속삭임 ... 70
성녀들의 합창 ... 71
붓끝의 여운 ... 72
블루 ... 73
흰 숲의 기억 ... 74
삶의 길, 덜컹거리는 ... 75
드라이플라워 ... 76
바위 ... 77
재개발 ... 78
회화나무 ... 80
명자꽃 ... 81
백야 ... 82
꽃무늬 벽지 ... 84
조릿대 베개를 베고 ... 85

4

강변의 갈대 ... 88
몸살 ... 89
아버지의 속삭임, 천천히 가라는 ... 90
도로 위의 현기증 ... 91
주말장터 ... 92
새벽 좌판 이야기 ... 93
숲속의 나 ... 94
사랑의 노래 ... 95
바람 타고 떠나는 길 ... 96
철제 프레임 속 이야기 ... 97
오징어의 여정 ... 98
옥수수밭에서 ... 100
내비게이션 ... 101
후회 속의 알 ... 102
마른 불쏘시개 ... 103
선풍기 고치는 아저씨 ... 104
소낙비에 젖다 ... 106

| 해설 |
바이크와 함께하는 삶의 여정 _ 이태수   108

껍질

오토바이가 빗길에 미끄러지자
뒤집힌 풍뎅이처럼
단절된 줄 알았던 인간관계가 깨어난다

생면부지의 사람들이 몰려와
휴대폰 꺼내 들고
어디론가 전화를 걸고
넘어진 오토바이를 일으켜
도로 가장자리에 갖다 놓는다

구급대가 달려올 때까지 기다리다가
침묵하며 다시 제 갈 길로 가는 사람들

그들의 도도한 눈빛에서
가슴을 쓸어내리며 안도하는 어머니의
부드러운 손길이 보았던 것이다

입술을 떠난 말들은
더불어 사는 이웃의 위로였다

〉
눈 마주치지 않으려 했던 고립된 엘리베이터 안에서
적막의 커튼을 치고 숨어있던
어색함의 봉인을
아무는 상처의 딱지인 듯

나 뜯어낸다

천 원의 만찬

천 원 지폐 한 장에
배고픈 시절의 숨결이 담겨 있다

가랑잎에 달라붙은 나방처럼
어딘가 떠도는 나를 그곳에서 본 적이 있다

차가워진 라면은
슬픔의 무게를 안고 부풀어
냄비에서 부글부글 끓는다

날개를 접은 채 세월의 무게를 견디며
문장 속에 담긴 갈증이
하나하나 고요히 쌓여 간다

자두나무의 향기가 온 세상을 흔들어놓고
살아남기 위해 쥔 나뭇잎은
손바닥 위에서 조용히 무늬를 일으킨다

날갯짓은 이제 여유를 찾아
벙그는 꽃술에 담갔던 손을 털며
조심스럽게 방향을 바꾼다

〉
날개를 접었다 펼치는 속도는
갈수록 빨라진다 해도
부글부글 끓어오르는 기억을
더 이상 소환하고 싶지 않았다

폭우

안전하던 곳이, 위험한 곳으로 바뀌는 순간
힘은 강한 곳으로 몰려간다

비는 풀의 밑동을 간지럽히던
잔잔한 지난날의 기억을 조금씩 잃어가고 있었다

하수구 맨홀 뚜껑은 안으로 넘친 물에
어디론가 떠내려갔고
여기와 저기가
선뜻 구분 안 되는 도시는
어쩌면 본래부터 바다였는지도 모른다

열을 주고 하나를 받아도
만족하는 나무는, 물을 베고 누운 체
도심에 둥둥 떠다닌다

수도꼭지에서
붉디붉은 흙탕물이 줄줄 흐르고
도시는 비 온 후에, 더 사나워졌다

인연설

용한 점집 마당, 갈라진 틈 사이로
스며든 꽃 한 송이가
허공을 움켜잡고 노란 무복을 입는다

이 인연이 어디서 시작된 것인지
햇살조차 반기는 듯한 이 벅참

신당의 향내에 하늘의 축복이라도 담긴 듯
바람이 고깔모자를 쓴다
.
자신의 존재를 드러내려 하얀 분가루가
산울림처럼
시간과 공간을 타고 퍼진다

출근길 골목에서
대나무에 꽂힌 헝겊 조각 위로
배회하는 민들레 홀씨를 본다

재와 장작불 속의 날들

30년 만에 찾아온 강추위는
유리마다 서리는 꽃무늬를 그렸다

어디서부터 시작된 이 찬란함에도
길거리의 낡은 물건들이
새벽 시장에서 다시 태어난다

큰 건물도 지을 수 있을 만큼
무거운 추위 속에서, 물건들은 자존심을 내세운다

장작불 곁에 다가가면
불길 속에서 내 삶도 함께 타고
손때 묻은 물건들이 새로운 이야기를 품는다

싼값에 사 온, 고장 난 라디오가
고쳐 쓰려는 것이 아니라, 무료의 간극을 메우는
나만의 작은 위안이 되기도 한다

바람이 불면 불길이 흔들리고
하얀 재가 등 뒤로 날린다

〉
타고 남은 재를 보며 이팝꽃처럼
다시 일어설 힘을 얻는다

햇살이 비추면, 차가운 날들이 천천히
녹아내린다

물구나무 수행법

봄꽃이 허공을 밝히다가 떨어져 내린다

끌어올릴 힘 없는 물관이
초라한 몸을 감싸며
비바람 몰아치는 골목에서 나를 품는다

먼지 낀 유리창 안쪽, 사람들의 속삭임이 들리고
낮은 처마 방엔
때 묻은 지구본과 수석이 거꾸로 놓여 있다

돌보지 않는 것들
차가운 돌을 껴안고 날을 세어가며
비명 없이 추위를 견딘 것들

물을 뿌리면 가슴에 고인 눈물이
내 몸을 타고 흐른다

먼지 낀 지구를 들어 올리면
보듬어 주는 손길이 느껴지고
서로의 이름을 부르며
우주에서 가장 아름다운 별이 된다

오늘도, 그렇게 살고 싶다

행복의 의미

눈 속에 세상을 담았던 나비가
백설처럼 돌아온다
기억의 먼지가 발밑에 소복소복 쌓이며
그림자처럼 나를 감싼다

행복이란, 살얼음 같은 감정을 덮고
파란 싹이 돋는 순간을 말한다

나비와 내가 물속으로 흘러가며
서로의 무게를 덜어낼 때, 비로소 가능해진다

오종종한 눈들이 기다리는 집으로 가는 길

낡은 구두에 밟힌 눈송이가
뒤축에서 부서질 때,
그 꿈같은 날을 떠올리며
시린 손등에 달라붙은 눈을 훅 불어보지만
날아갈 줄 알았던 나비는
어느새 내 심장에 스며들어
파닥거린다

숙성

허물어진 집에서 가져온 독에
지두화指頭畫가 피었다
혼자 남겨진 게 너무도 외로워서 바람을 끌어안다가
속은 더 깊어졌다

어둠 속에서 무엇이 있나
조심스레 열어보는데
누렇게 바랜 노트 한 권
고독한 열망으로 긁어낸 글자들
별들과의 대화가 적혀있다
내 안에 나를 가두어놓고

숙성되기를 기다리던 시들
글자를 하나씩 다듬을 때마다
심장이 터질 것 같다
한 사람이 남긴 문장들
하필이면 왜 저 독 안에 남아 있다가
내게 온 걸까

형형한 실눈을 뜨고
파닥파닥 헤엄치는 물고기의 비늘

독 밖을 스쳐 간 무수한
바람의 행적도 낱장의 비늘 속에
새겨놓았다

고등어

날카로운 칼날이 된 햇살이
좌판대 위에 터 잡고 누워있는
염장의 몸을 노려본다

갈매기 눈 어지럽히며
수면을 차오르며 푸른 등줄기는
세파와 싸워 이긴 문신

비릿한 아우성을 없앤다며
직립으로 내리꽂는 하오의 햇살이
껍질과 속살을 물어뜯는다

한때 결의를 모으던 살갗에
의미 없는 무게가 매달리고
청명한 하늘 아래 정지된 듯한
수평선을 본다

아직 수습해야 하는 일도 많은데
그물을 접으며 파장이라 우기는
낯익은 바다

〉
표백제 같은 소금
한 주먹 뒤집어쓴 생선들이 꾸덕꾸덕
굳은 얼굴로 속살에 묻은 고요를
털어내고 있다

산고

바람이 혹독한 추위 속에서도
흙 속의 미세한 진동을
감지한다

숨어서 인내한 것들은
내면에서 더 뜨겁고 단단해졌다

아픈 기억은 햇살에 씻겨가고
지금 움츠린 그대에게
한 걸음 다가갈 적절한 순간이 온다

제어할 수 없는 감정들이
고개를 들고
툭툭 터지는 봄처럼

그늘의 뒷마당

황혼이 깃든 마당
돌담에 기대어 있는 수탉
그의 조용한 울음은
어두운 방 안을 가득 메운다

밤이 찾아오면
세상의 끝에서 소리 없는 전쟁이 벌어진다
기다리는 평화는 언제쯤 올까

정겨운 손길 속에 그의 목소리는 사라지고
날카로운 소리 대신
침묵의 노래만이 흐른다

시간이 흐르듯
흙 속에서 자라는 새싹처럼
그의 발자국은 지워지지만
늘 그 자리에 남아 있는 듯하다

그늘 속에서 조용히
삶의 무게를 견디며
작은 몸짓으로 세상의 끝까지
다시 일어설, 힘을 모은다

수탉

시도 때도 없어 울어 쫓겨난 수탉 한 마리 데려와
구들장 식은 방에 둔다

밤이 되자 큰소리로 홰를 친다

시끄럽다며 어르고 달래봐도 막무가내다

저 엉뚱한 고집 누굴 닮았나
수컷들은 때로는, 엉뚱하다
잘못된 일들도 인정 못 하고 지우고 살다가
바닥까지 침수되고야
경계를 곱씹는다

현실의 막막한 꿈 앞에서
초라하게 나부낄 때마다 콧등 위에
붉은 깃대를 세웠다

목이 터지도록 울어도 보고 싶었지만
눌러 참는 속울음에 벼슬꽃만 붉어졌다

이 속없는 것을 밤새 달래다가
묘한 동질감에 퍼덕이는 날개를 잡고
나도 함께 울어본다

그리운 소통

젖 물고 자란 둥지를
떠나보내는 어미 원앙의 지시에 따라
젖살이 남은 새끼 원앙이
가파른 절벽을 뛰어내린다

50그램의 원앙이 세상과 처음 만나는 순간은
온몸 멍이다

어린 원앙에게 붉은 독기를 품게 한 건 무엇일까?

갯벌처럼 온몸을 드러내는 바다처럼
현실을 직시하려면 믿음이 먼저다

둥지와의 결별을 선언하고
여정이 힘겨울 때도
원앙은 어미의 젖꼭지를 기억한다

잰걸음으로 사라지는
먼 풍경 속 원앙을 바라보며
한 사람만을 위해 꽃을 피웠던
사랑을 떠올린다

잡초

기죽지 않고 살아야 할 이유가 생겼다

다리 힘을 모아 벽을 뚫고 고개를 쳐들었을 뿐인데
길 위의 사람들은 놀라며
그 숱한 숨결 속에 찬사를 보낸다

표면의 진지함과는 달리
내면의 고독을 품고 살아가는 이들처럼
고난 속에서도 끈질긴 생명력으로
나 역시 흔들리지 않고 자란다

공공근로 나선 노인들
호미로 낮에 땅의 밑동을 도려내며 무심히
흙과 싸운다

햇살이 어깨를 부드럽게 불러내고
빗방울이 등을 간지럽힐 때마다
조금씩 자라나 상반신을 일으킨다

〉
발에 짓밟히고 밑동이 잘려 나가도
꽃을 피우고 씨를 맺을 때까지 인내하며
하늘의 뜻을 따른다

바위틈을 뚫고 자란 개망초처럼
장맛비에 견뎌낸 나도
진정한 자아의 부스스한 머리를 두고
이게 꽃이라며 움켜잡는다

단풍

가슴으로 읽는 피사체다

다가오는 바퀴의 출렁임 어찌 저리 붉은가

한 치 오차도 없이 내면의 벽을 무너뜨린 가을은
불타는 수레를 끌고 간다

여위어진 머리칼을 손질하는 햇살을 가방에 담고
일탈을 꿈꾸던 나도 사랑의 자음을 노래한다

구심점을 잃은 산들도 진부한
굴렁쇠를 벗어나지 못했다

청송 꽃돌

차가운 돌이, 속 뜨거운 꽃을 삼켰다

송이송이 꽃을 피우기 위해

심장을 내어주고 숨결 죽인 채

오장육부는 검은 반점으로 굳어갔다

곡선으로 둥글게 휘어진 길을 걷다 만난

꽃돌 무늬가 뿜어내는 빛깔에는

모진 풍파를 견딘 별과 달의 세월이 돌의 안쪽에서

조막손을 펴고 있다

억만년 전에 피었던 흑국이라는 건지

돌의 살결 문지르고 문질러 보는데

나타나는 꽃의 형상은 멀지 않은 인연이다

바로 앞 생에 어루만지던 손금이 되어

깎은 은행나무 좌대에 앉은 채로

청송의 하늘을 품고 있다

빨래

힘들게 달려온 빨랫감들을
시간이 툴툴 턴다

옷에 묻은 불순한 것들에게
밀알의 씨앗이 되라고는 권유할 수 없기에
단호하게 비틀고 짜서
거품으로 날려보낸다

몸을 가두던 경계들이 부풀어 올라
울음을 속으로 다져놓고 나서야
옷들은 환한 빛을 꺼내놓는다

보너스로 넣어주는 섬유유연제는
바람이 불 때마다 서로 보듬어 주는
들꽃의 향기 같은 위로다

엉겨 붙은 옷들과 마음의 분진도
마당 빨랫줄에 널고 툭툭 털어내고야
뽀송뽀송한 하늘을 바라본다

〉
담장에서 지켜보던 덩굴장미
느슨하게 같이 말라가자며 흥얼대는 콧노래가
5월 햇살을 둘레둘레
휘감고 있다

호객

배낭 하나 둘러매고 산 입구에 들어선다

햇살 파편을 꽂은 나뭇잎들이 세상을 다 태울 듯 불을 켜고
등산객을 맞이하고 있었다

한 그루 한 그루 나무 사이를 지나다가
손을 뻗어 붉은 등 켜고 있는
가시나무 심장을 들여다본다

이렇게 한 생을 다 태우다 찬 이슬이라도 맞으면 어떡하나!

첩첩이 길은 막혀 고독으로 잉태한
울림이 발목을 덮을 텐데

각각 다른 몸에서 태어나
사각으로 파놓은 구덩이로 들어가면서
이번 생에 다 버리지 못한 고요한 내면을
마지막 꽃으로 툭툭 털고 있다

한 걸음 뗄 때마다 눈 앞에 펼쳐진 장관 앞에서
삶의 궁극적인 목표는 과정이라며

거름으로 발효를 꿈꾸라는
자연의 배려가 보인다

마음에 빗장을 열고 행 사이
틈을 더 넓혀주어야 할 내 삶도
이제 틀이 필요하다며
무너진 마음을 일으켜 세운다

사과

지난 폭우에 떨어진 사과를
바닥 한군데 둥그렇게 모아놓고
끌고 온 리어카에 하나둘 태운다

구석진 자리이기는 해도 나름 북적대는 시장
가판대 위로 데려간다

둥근 플라스틱 바구니에 담아둔 저들끼리
가슴과 가슴을 서로 껴안는 사과

모자란 햇살에 풋내나는 사과는
햇살을 조금 더, 쬐어 준다

장날 구경 꼭 가고 싶어 하셨는데
사는 게 바쁘다는 핑계로 눕혀둔 방 어머니를
이제야 모시고 나오다니!

불러 모은 사람들 눈빛에
죄스레 골고루. 천천히
속속들이 닦아 말리고 있다

뒤늦은 후회로

곰팡이꽃

못 가보아서 그립기만 하던 산맥이 천장에 떠 있다

에베레스트에 스며든 빗방울은 지난 장마의 흔적
태양의 영양분도 엽록소 없이도 자라는 은둔형 곰팡이가 있다

하얗게 뿌리까지 피운 꽃은 자신이 이룬 업적을 알리듯
의기양양한 표정이다

쓸쓸함과 짙은 고독을 지우려고 기웃거리는 눈길로
나 천장에 낙서를 그으며 하루의 운세를 점친다

도전적인 삶의 한가운데 인내의 경계를 넘어서 만나는
모든 사물의 본질적 속성은 동사다

걸레를 들고 그가 밟고 간 벽면의 얼룩을 지우며
가장 우울했던 겨울을 정복하려고 찬 손 호호 불어가며
길 미끄러운 설산을 오른다

밤낚시

눈꺼풀을 낚싯대에 올려놓고
흐르는 것과 멈춰 있는 것을 바라본다
어둠 주위의 갈대는 어떤 사연이 있어
퍼즐 조각 같은 바람을 매달고
밤새 서로를 끼워 맞추려는 건지,
형식은 나열된 절차를 무시할 때
호흡이 자유로워진다는 것을
사랑의 열병을 앓다 하천으로 몸 날리는
매화 꽃잎에게서 배운다
봄을 부르는 황홀함에 내가 입질 당하는지
찌가 심하게 흔들린다
황급히 낚싯대를 걷어 올리는데
설렘으로 시작해 늘 아쉬움으로 남는 것은
낚시만은 아니다, 부연 설명이라도 하듯
줄에 걸려 올라온 것은
바늘을 집어삼키고
둥글게 몸을 만 수초 덩어리와
종종걸음으로 뛰쳐나오는 졸음들

빗방울

역류한 토사를 다리 삼아
다시 속을 꽉꽉 채운 뿌리들이
우듬지로 오르는 길
빗방울이 닿은 곳마다
젖지 않는 것은 없다
부동자세로 꼿꼿하게 서 있는
나무도 젖어 있고
설렘과 외로움이 서로
부딪쳐 부싯돌보다 더 눈부신
개망초꽃은 치마 밑단을
걷어 올려 시린 가슴 털어내고 있다
이렇게 생을 젖게 만드는
빗방울은 강물이 되고
그 흐름 속에서 건강한
이승의 맥박 소리 듣는다

그믐달

잠든 도심을 깨우며 하늘에서 떨어진 눈송이들이
거리를 덮는다

깃털처럼 부드러운 눈송이들은
땅에 닿아도
차가운 발끝을 향해 따스한 위로를 전하며
봄의 꿈을 엮는다

겨울밤의 노동자는 빈 우체통에 글을 남기듯
흩어진 하늘을 응시한다

창문에 비치는 저 달은
길 잃은 이에게 보내는 불빛처럼
스스로를 비추며 조심스레 다가와
각성의 언어로 나를 깨우려 한다

다시 자리에 눕자
적막을 품은 달이 몇 송이 눈발을 데리고
방으로 들어온다

문상

산책로 따라 산으로 오르는 길
며칠째 폭우에 젖지 않는 곳이 없다

전봇대처럼 우뚝 서 있던 큰 나무들이
가슴을 쓸어내리며 흘러내린 토사를
뿌리로 받아들이기 바쁘다

비바람을 막아주는 그늘 아래
정오의 햇살조차 가려주는 나무
그런데 왜 작은 나무들은 부고장을 들고 서둘러 떠나나

왜소한 나무는 구멍이 뚫리고
말라비틀어져 길 위에 흩어지지만
큰 나무에게 고개를 숙이지 않는다

좁혀지지 않는 틈과 틈 사이
숲속의 질서 속에서
마음이 큰 사람 밑에는 살 수 있지만
큰 나무 밑에는 작은 나무가 숨 쉴 공간이 없다

지열에 터만 지키다가 간 자리

심지가 굳던 작은 나무의 영정사진은
여전히 해맑고 평온하다

동행

바위보다 마음이 더 무거운 멧돼지가
단풍 물든 숲속에서 느릿하게 걷는다

진흙탕에서 몸을 비비며 살갗은 거칠어지고
눈빛만은 여전히 생기 있다

색색의 나무들 사이에서
혼자 서기 위한 그 위장술이 왠지 가슴에 와닿는다

가려운 조각들을 털어낼 때마다
하늘만 바라보던 나무는
조용히 명을 다한 잎사귀를 떨어뜨린다

서리가 내렸다는 소식에 겨울나기 걱정하며
도시에 들어설지 망설이는 멧돼지
슬쩍 걱정이 앞서지만

반짝이는 구두코를 끌며 바바리 깃을 세운다

그 무거운 발걸음으로 나도 함께 걷는다

침수된 도시

안전하던 곳이 순식간에 위험으로 변하고
힘은 강한 쪽으로 몰린다

비는 한때 풀잎을 부드럽게 감싸던
잔잔한 기억을 잃어가며
맨홀 뚜껑은 넘쳐흐르는 물에
아무도 모르는 곳으로 떠내려간다

여기와 저기가 구분되지 않는 도시
바다 속에 잠긴 유령 도시처럼
나무는 물 위에 둥둥 떠다니며
열을 주고 하나를 받던 날들을 추억한다

목이 마를 때마다 틀었던 수도에서
붉은 흙탕물이 줄줄 흘러내리고
비는 점점 거세져 도시를 휩쓸며
모든 것을 덮어버린다

흉터를 보듬으며

낡은 담 보수해 달라는
지인 부탁에 이른 새벽
도착한 담장 앞에서 복병을 만났다

어둠 속에서 무엇인가 웅크리고 있다

척추도 없는 것들이, 한 올 한 올 잇대어 놓은
줄기에 깍지를 낀 채
금 간 벽 생채기를 보듬고 있다

간밤에 내린 서리를
두꺼운 갓 쓴 서리버섯이라
착각이라도 했는지
관자놀이 동맥이 꿈틀거린다

서로의 손을 한 번도 놓은 적이 없기에
환승 구간 또한 없는 담쟁이
냉각된 새순을 햇살 쪽으로 당겨 놓고
산비탈에서 퍼 온 마사토를
제 무게만큼 덜어낸다

직벽의 가파름에 보폭 좁은 바람이 분다

팽팽하게 긴장된 시간의 힘줄에서
바위처럼 굳어가는
양생의 숨소리 듣는다

철새

거리의 수사로 남은 달콤함
저물어 가는 온기가
풀의 숨을 흔든다

스피커에서 흘러나오는 말에
물소리가 스며들고,
한 사내가 유세차에 올라
깨어난 우물에서
새 물을 길어올린다

역설이 회전하며
혼탁한 세상은 청정을 찾는다
거리의 꽃들이 눈을 비비고
나비가 건반 위에서 춤춘다

이른 봄, 공약이 넘쳐나는 시기
봉인된 귀가 열리는 때다

잊을 만하면 날아와 부리를 굽히고
바람 소리까지 받아쓰는
간절한 몸짓들

봄밤의 안부

병원 문을 나서며 심란한 마음으로
신천교 다리 밑을 걷는다

발화 시점을 놓친 개나리
마른 풀 사이에서 겨우 자란다

꽃받침이 네 갈래로 나뉜 곳에 서서
부서진 무릎으로 절뚝이며
바람에게 관절의 안부를 묻는다

곁을 스치는 사람들은
모두 물살을 거슬러 걷고 있다

만개한 봄밤이 중모리장단으로
물속에 몸을 던지며
발뒤꿈치를 간질이던 초승달을 불러내어
속삭여 본다

설렘이 남아 있는지, 귓속말로

매운 중력

도라지밭에 처음 도착한 눈발 몇 개가
검은 눈 품은 씨주머니를
툭툭 치더니 동공마저 열어놓고
떠나버렸다

그냥 스쳐 지났을 뿐인데
안부가 궁금할 때마다 온갖 겨울 텃새들에게
귀를 세우게 한다

한때 사랑에 감전된 적이 있던 솔방울이
불꽃에 데인 멍 자국을 숨긴 채
저 전류의 힘 어떠냐고, 넌지시 말을 걸어온다

제 살 깎은 자리 수피를 거죽 삼아
마른 대궁을 잘게 부수고서야
풀풀 날리는 저 도라지

지난날 이슬도 공기의 입자로 사라진 자리 보고 있는데
토양이 발목이라도 잡았나!

출구를 잃어버린 씨방이 고압 전류 흐르는 철망에
팻말처럼 걸려 있다

감동

어제 읽은 시 속에서 꽃들이
꿈의 날개를 달았는지 꽃가루
풀풀 날리며 미친 듯이 웃고 있다

이럴 때는 붉은 욕망 벗어던지고
시인의 잉크병에 풍덩 빠져
까맣게 익사했으면 좋겠다

세월의 수레바퀴에 귀 기울여
자연과 조화하면서
무뎌진 심성 바위에 부딪혀
흰 물보라로 깨어나는 거야

헝클어진 머리카락 가지런히
빗어 내리고 풀밭으로 뛰어내리는
이슬의 몸에서 순수로 갓 태어난
알의 숨소리

우주가 읊는 낭랑한 목소리
이 모든 타협의 시에
귀 기울이고 싶은 날이다

삶의 무게

시간이 조용히 어깨 위에 내려앉는다

길을 덮는 가로등 불빛에
삶의 무게는 저마다의 사연을 품은 채
천천히 몸속에 스며든다

안개처럼 흩어지며 지나온 날들
한때 불타올랐던 열정은
바람 앞에 흔들리는 갈대처럼 서서히 가라앉는다

시간의 흐름은 그 속에서
고요히 새로운 빛을 찾아가다가
어둠과 빛이 맞물려 하나의 풍경을 완성한다

날카로운 현실의 조각들은
불시에 다가와 손을 베지만
그 조각들을 맞추어 우리는 견디며 살아간다

삶의 무게를 짊어지고 어두운 골목을 지나며
그 무게 속에서 비로소
스스로를 새롭게 발견한다

두류공원에서

새벽 네 시, 시간의 흐름이 멈춘 듯 고요하다

태풍이 지나갔지만, 비바람은 여전히 부슬부슬
어둠 속 나뭇잎들은
힘겹게 빗방울을 토해낸다

침묵 속, 아홉 개의 화점 위에서
췌장암 말기 친구가 꽃으로 피어난다

기억 속 색상은 흑백뿐, 초고수가 둥지를 떠난 자리

그의 삶이 패착이었는지,
신의 한 수였는지, 알 수 없지만
꽃놀이패처럼 휘날리는 그의 마지막
요양병원 쪽으로 시선이 간다

갈라진 이음새에서 스며드는 빗방울이
나를 바라보며, 산책 나온 노인은
내 안타까움을 모른 채 바둑판을 접는다

사활의 게임, 흰빛이 어둠을 헤집는다

봄날

유채꽃 핀 길을 따라
봄나들이 나서니
햇살 지느러미가
밭둑에 조용히 내려앉는다
꽃잎 사이로
천 개의 섬세한 손길이
살며시 스며든다
희미한 들녘에선
엄마를 부르는
앙증맞은 꽃들이
장터의 와자지껄한
웃음소리로 울려 퍼진다

방황하는 별의 날갯짓

별이 어둠 속에서 휘청이며
흐트러진 꿈의 조각을 남깁니다

그 날개는 별빛 속을, 헤매며 미지의 길을
찾고 있습니다

어두운 하늘을 배회하는 별은
희망을 품은 바람에 기대어 조용히 길을 엮습니다

빛나던 불꽃은 무한한 우주를 향해 나아가고
끝없는 가능성을 꿈꿉니다

방황하는 별의 날갯짓은 캄캄한 밤 속에서도
희망의 길을 밝힙니다

그 날갯짓은, 우리 내면의 별을 깨우며
희망의 빛을 나누는 등불이 됩니다

불볕 아래의 건축자들

아스팔트 위, 햇살이 녹아내리는 한낮
바람도 숨을 죽인 채
땀방울이 이마를 적시고
옷자락은 태양의 무게를 지고 있다

벽돌 하나, 흙 한 줌이
손끝에서 도시의 꿈으로 변하고
내리치는 쇠망치의 울림이
하루의 심장 소리로 들린다

해는 정수리에서 금빛으로 쏟아지고
그들의 그림자는 길게 드리워진다

열기의 파도 속에서도 지쳐도 포기하지 않고
땀과 열기로 삶의 벽을 쌓아간다

구름은 천천히 흘러가고 땅은 뜨겁게 달구어진다

그들은 무더위 속에서
텅 빈 자리에 새로운 기틀을 세우며
기억 저편, 강가의 그늘에서

폭풍의 메아리를 되새기며 다시 일어나
삶의 짐을 어깨에 짊어진다

자연의 흐름 속에서
묵묵히, 그러나 깊은 내면으로
지는 해와 흐르는 구름을 바라보며
불볕 속에서도 꿋꿋이 그들의 삶을 이어간다

여름의 밀애

여름의 달빛 아래, 옥수수밭
햇살이 남긴 열기와 땀방울이
땅에 스며든다

서로의 숨결이 이삭 사이로 스며들어
부드러운 잎사귀가 몸을 감싼다

두 몸이 밀착되어 구릿빛 피부로 열정을 나눈다

속삭임 속에서 사랑의 순간이 흩어지고
그늘 속에서 비밀의 꽃이 피어난다

밤이 깊어가며 잎이 그림자를 감추고
달빛은 흐르며 사랑의 열기로 밤을 감싼다

어둠의 춤

달빛이 흩뿌려진 도시의 골목 그늘 속에서
고요함이 잠들고 시간은 잔잔히 흐른다

별들이 천장처럼 수 놓인 밤
미궁처럼 얽힌 숙제와 기억은 시간의 갈고리에서
흔적으로 흔들린다

밤하늘이 은밀히 물들어가고 달빛은 길을 비추며 이끈다

속삭임이 흐르는 그곳에서 별들은 찬란하게 빛난다

배신과 질투, 고난과 약함이 도시의 리듬에 녹아든다

도시는 잠들지 않고 춤을 추며 달빛은 조용히 퍼진다

어둠 속에서 길을 잃지 않고 발걸음이 서로를 이끈다

달빛이 가는 길을 밝히고 속삭임이 우리를 감싼다

도시의 밤, 함께 걷는 우리, 어둠 속에서 춤을 춘다

숲

폭우가 쏟아지며 어깨를 내어준 나무
그 무거운 하늘의 슬픔을 견디며
흐르는 빗줄기를 담담히 받아낸다

햇살이 빛을 잃은 채
가속페달을 밟고 저 멀리 달아나고
나무는 그 자리에서 담쟁이의 부드러운 손길을 맞이한다

장대비에 주저앉은 대지의 어깨
그 깊은 고요 속에서 날개를 접고 잠시 숨을 죽인다

물속에 묻힌 세계가 태양의 손길에 의해
조금씩 빛을 되찾아간다

자연의 순리 속에서 백 년을 기다려
묵묵히 뿌리를 내린 나무처럼,
시간의 흐름 속에서 더욱 단단해지고 있다

들판의 민들레처럼 작은 존재가
위대한 꽃으로 조용히 피어나고 있다

가슴앓이

봄을 기다리는데, 창문 넘어온 햇살을 만났다

풍경을 붓으로 다듬는 화가라는데
한 획을 그을 때마다
나뭇가지에 쌓여있는 함박눈이 녹아내린다

그 자리에 새순을 돋게 하고
꽃눈을 빚어내는 솜씨가 대단하다

희망을 잉태하는 봄은 아픈 계절이다

문득 나는 미세한 바람 한 점에도
가지에 기를 쓰고 매달리다 눈가를 붉게 물들인다

날려 가는 그들을 바라보면서
황홀한 눈빛을 보내며 이 광경을 즐기고 있었는지도 모른다

꽃잎 몇 자락 주워 들고 생의 자서전을 읽는 내내
평생을 한 군데 서서 가슴앓이하는 나무가 되었는지

손바닥이 화끈거린다

형식의 반란

수줍게 고개 든 분홍 제비꽃
바람의 손길에 몸을 비틀며 봄의 속삭임을 듣는다

입춘의 발자국에 맞춰
산수유는 밀려오는 감동에 꽃망울을 터뜨리고
새로운 계절의 문을 활짝 열어젖힌다

봄은 허공에 길을 내며,
하늘의 조용한 약속을 쪼개
미세한 가능성 속에서 새로운 시작을 선언한다

농짝에 붙어 있던 무쇠 경첩이
봄의 신호를 따라 화려한 날개를 펼친다

이제, 봄의 숨결이 불어오면
차갑던 땅도 따스한 온기로 가득 차리라
길가에 핀 꽃들이 그 숨결을 나누며
시작의 순간을 맞이하리라

모든 것이 새로움을 맞이하고
다시 피어나는 봄의 약속을 기다린다

3

교감

시계도 냉동 감옥에 갇히면
감기에 걸린 듯 초침이 떨린다.

수리점에서 열어보니 내부의 톱니들은
황금 들녘을 펼쳐진 듯 아름답다

홀로 세면대에 며칠간 놓인 시계는
서러운 듯 내 손목에 기대 숨결을 확인하고
늘어진 맥박을 잡고 달린다

자면서도 함께 달리는 그 교감은
우주까지의 거리를 째깍째깍 계산하며
부드럽게 이어진다

시계와의 대화 속에서 엮이는 시간과의 감정
우리의 숨결이 맞물려 조용히, 그러나 깊게

우리는 서로의 존재를 느끼고 있다

바이크, 불멸의 사랑

덮어씌웠던 바를 벗기자, 시크한 눈매의 바이크가
섹시한 허리라인을 드러내며
굳어 있던 내 마음을 이완시킨다

외로웠을 그녀의 몸매를 정성스레 닦아
몸을 밀착시키자, 웅장한 배기음이 터져 나오며
질서를 벗어난 자유가 시작된다

구부러진 국도를 따라 커브를 돌 때마다
새롭고 낯선 풍경들이 바퀴에 튕기며 스쳐 간다

지금 눈 앞에 펼쳐지는 스크린은 현실이 아닌 낭만이다

내 몸이 가벼워진다, 피가 뜨거워진다
견고했던 성벽이 뚫리며 시작되는 하루의 일탈
이 순간, 다시 태어나도 그녀를 만나고 싶다는 갈망이
가슴 깊이에서 불타오른다

죽도록 사랑할 수밖에 없는
바이크 그녀와 함께라면
이 세상의 모든 길은
끝없는 황금빛으로 펼쳐지리라

붉은 시선

햇볕 아래 조용히 숨을 쉬는 고추들, 그들의 붉은 날개는
여름의 따사로운 품 안에서
천천히 익어간다

농부의 손끝에서 땀은 흘러내리고
그 손길이 고요히 감싸며 고추의 붉은 열매를 만든다

비록 작지만, 그들은 온몸을 던져
모두가 고요한 붉음으로 물든다

불씨 하나하나가 서늘한 바람에 흔들리며
자연에 몸을 맡기고
흙으로 돌아가는 그 순간까지,
그들의 붉음은 사라지지 않는다

작은 희망이 담긴 손끝에서
붉은 열매처럼 세상에 남아 조용히 불꽃을 지핀다

농부의 삶도 그러해서, 바람 속에 숨겨진
작은 불씨가
언제까지나 잊히지 않을 것이다

동백섬에서

가느다란 발로 지탱하는 무거운 세상
발밑의 꽃잎을 바라본다

눈발 몇 개와 단호한 목을 드러낸 나무들은
절벽처럼 굳어 있던 기억을 떨구어낸다

진흙 속 엉덩이와 붉은 입술이
서로 포개지며 흔적을 남기는가

떠남은 흙 속으로 다시 스며들며 무언가를 남긴다

한때 세상을 태운 열정은 무엇이었는지

그대의 세계에 매료되어 길을 멈추고
의미의 정점에서 봄 햇살을 맞이한다

굴복과 좌절은 방향이 아닌 무게라며
윤슬 한 모금의 목차를 갈매기가 펼친다

이제, 본문 밖에서
검붉은 문장들은 시간의 몫으로 남아 있다

연둣빛 속삭임

조용히 흐르는 발밑의 연둣빛이
그 사랑을 고백하자, 농짝에 걸린 무쇠 경첩에서
허공을 가르며 나비가 날아올랐다

분홍 제비꽃 수줍게 고개를 들게 한
바람이 옆구리를 스치자, 온몸을 비틀며 소리 없는 춤
덩실 더덩실 입춘의 발걸음에 맞춰
산수유는 꽃망울을 연다

나는 혼자여도 사랑을 갈망할 때가 된 것이다

성녀들의 합창

밀려드는 낯선 공기에 깃털은 바짝 서고
날개 끝에 매달린 어긋나버린 꿈들이
하나둘 흩어진다

햇빛조차 비집어 들지 않는 공간에서
눈앞에 놓인 사료통은 더 이상
배부름이 아닌 무거운 침묵이다

이제껏 살아오며 남자들하고는
말을 섞어본 적이 없다는 저항의 불씨가
무정란 속에 스며들 때마다
목을 움켜쥐는 비명이 양계장에 울려 퍼진다

그녀들은
처음 본 사내의 시선이 부끄러운지
뭉툭하게 잘린 부리를 황급히 다듬는다

붓끝의 여운

종이 위를 스치는 붓이 있어
밤의 불꽃이 그림자 속에 흩어진다

차가운 방 안, 종이 위의 흔적에
붉은 열기가 스며든다

잉크는 흘러내려
잠잠한 공기 속에 파문을 일으키고,
붓끝의 불씨는 여전히 따스하게 남아 있다

여러 각도에서 비추는
이 순간의 여운을 너는 새기고 있는가

가슴속 깊이 타오르는 불꽃에
감정이 차오르더니, 조용히 떨어지는 울음이 된다

밤의 고요를 흔들며, 붓끝에 남은 여운은
바닥이 다 마를 때까지 차분히 머물고 있다

블루

꽃을 나무를 사랑을 품는다

엇박자 지나간 자리마다
아픔이 번지고, 파란 하늘은
더 파래져 가슴을 짓누른다

이 고요가 감당하기 벅차 눈에 언어가 맺힌다

판단과 추리를 버리고, 솔직한 마음만 남겨둔다

묵직한 강물 소리가 가슴을 울릴 때
나는 그 강둑에 서 있다

낙엽이 바람에 날려 위로를 전하고
노을이 붉게 번질 때 내 삶은 조용히 물든다

다시 봄이 오면 꽃이 피고
푸른 나무가 자라고

흰 숲의 기억

숲에 내리는 눈은
조용히 뿌리 깊은 상처를 감싼다

가늘게 흔들리는 가지마다 바람이 남기고 간 이야기들
오래된 약속들은
잊힌 길 위에 떨어져 흙이 된다

한때 푸르게 빛나던 잎들
이제 마른 잔가지에 매달려 떨어질 날을 기다린다

그리움마저 씻어내는 이 눈 속에서
아무 말 없이 서로를 바라보며
서로의 그림자를 밟고 서 있다

봄이 오면, 이 숲은 다시 새잎을 틔울까?

이 사랑의 흔적은 남아 있을까?

새벽의 어둠이 걷힐 때쯤
자작나무는 그저 흰 몸을 내보이며

알몸으로 묵묵히 서 있을 뿐

삶의 길, 덜컹거리는

도로변에 전시된 소달구지에
귀를 기울이면

덜컹거리는 바퀴 소리와 먼지 날리는 흙길이
고향 길목의 노래를 들려준다

비탈길 오를 때마다 등에 흐르는 땀방울 대신
고삐를 쥐고 부드럽게 말 걸어본다

잎 넓은 그늘에서 쉬어가는 한때
불어오는 바람이 달구지와 나를 감싸고
소와 나 서로의 눈망울 속에
한 줄기 빛을 담는다

힘든 일 마다치 않던 소의 체취도 말라버린
지나온 길을 숨 고르듯 핸들 돌리며

녹슨 내 바퀴는 천천히 따라간다

드라이플라워

골목 한구석을 차지하고 있는 오토바이
보조 등받이 밑에
한 무더기 수국이 놓여 있다

퇴행성 관절염이라도 앓았는지, 불쑥 솟아오른 안장에
두 눈 태운 여름이
마른 꽃을 놓고 간 것이다

사람이든 기계든 묵을수록 좋다는 건 여전히 빈말이다

방치된 것들은, 뒤늦게 키를 꽂아도 소용없다

기척도 미동도 없는 오토바이를
닭발로 심장에 시동을 걸자, 심맥박 소리가 들린다

마른 흙이 핸들을 부여잡고
길이 없어 되돌아가라 할 때까지
그대가 두고 간 꽃을 층층 좌대에 올려놓는다

나, 화려하게 말라가고 싶은 날이다

바위

산길에서 만난 슬픈 침묵이
바위 등에 쓱쓱 문질러졌다

이제, 그만 웅크리라며
전율하는 그의 몸 사타구니를 어루만진다
소름 부스라기가 숲에서 불어오는
솔 향기에 아늑해질 때까지

끝나지 않는 화간의 사랑
관능에 달아올랐던 시간

꽃으로 말하고 꽃으로 저무는 나무에
고요히 무릎을 내어준다

아는지. 모르는지
중심의 중심을 뚫고 몸소 물소리를 흘려보내는 바위

한낮 동안 달아올랐던 등 위로 달이 뜰 때쯤이면
비탈을 내려가는 산길의 꾸부정한 허리도
나름 꼿꼿해졌다

재개발

사람들 살던 터 하나둘 떠나갈 때마다
담벼락 이끼 속 숨겨 둔 기억들

젖어가고 있었다, 백리향이 한 무더기씩 피어오르고
돌배가 고개를 내민다

이런 밤에는 꽃에 취하고 술 향기에
취해야 할 것들이 비를 불러 잠을 베고 눕는데
버려진 신발 한 켤레 떠내려와
낮에 못다 한 작별 인사처럼
하늘로 이주하는 마지막 뗏목이 된다

모두가 떠나도 떠날 곳이 없어
남겨진 그는 골목을 대빗자루로
쓸다가 비에 몸을 한껏 부풀린 나뭇잎
구세주라도 되는 듯 착착 달라붙는다

정들게 했던 어제의 실마리를 떼어내려 할수록
가슴에 매달린 추억이 무거워

굉음 요란한 포클레인을 끌고 와 허무는
담장의 경계 속에서
장미의 비장한 눈빛이 더욱더
뜨겁다

회화나무

굽은 나무의 등에 주저앉은 새는 악몽을 꾸고 있다

이따금 깃털을 부풀리며 구슬픈 배음을 깐다

속이 뭉텅 드러난 나뭇가지 위를 뛰어다니다 뒤주에 갇힌 것일까

잠시 가던 길을 멈추고 제어장치인 금기의 선線을 떠올린다

아무리 투영한 선이라도 선은 적을수록 좋다

진정한 심장을 보지 못한 채 멀리서 판단되기 때문이다

내 관점으로 그어놓은 선이 누군가에게는 뒤주가 되지는 않았는지

발밑에 곁달려 하얗게 핀 이파리를 밟고
세 개의 지지대에 온몸 의지한 채 길마중 나온 회화나무

평정의 무게 중심을 느끼며
사도세자의 마지막 숨결을 떠올린다

명자꽃

담장 너머 풍경이 지겨워질 즈음
명자는 온몸이 간지러웠다

풋풋한 봄 아지랑이를 찔러
벚꽃이 지고 나서
눈 감고 꿈꾸던 시절을 되새겼다

햇살이 눈부신 틈 사이, 걸음을 멈춘
사람들 사이에서
명자는 벗어나기 힘든
사랑에 빠지고 싶었던 것이다

쭈그리고 앉아 허리춤을 풀고
달빛 속에서 방뇨하던 날도 있었겠지

요염한 향기가 증발한 자리에는
입술을 깨물던 그 뜨거움 속
풀벌레들조차 모두 떠났다

한곳에 오래 머물지 못한 나를
명자, 너는 아프게 찌르고 있다

백야

더위에 눌려 파닥이는 날이면
날개 따위는 방구석에 던져두고
허벅지까지 올라오는 부츠를 신은
여인을 만나러 남극으로 갈
꿈을 꾼다

나, 가진 것이라곤 얼음을 자를 톱과
조각칼이 전부지만
엄습하는 고독을 썰고 다듬어
한동안 기거할 얼음집 한 채
지으려 한다

아마도 찾아오는 여인은
속살이 눈부실 거라 믿으면서
그가 걸어온 발걸음만큼이나 긴 세월에도
귀를 기울일 생각이다

서로 배운 글이 달라 대화가 뭉텅해지면
내 시집을 꺼내 들고 읽어 줘야지

못 보고 지날지도 모를
관심이란 단어에 밑줄을 그어놓고
쓴 커피를 내려 둘이 나눠 마시는 거야

뜨거운 잔 속에 눈발도 넣고
은하수가 더 빛나는 밤에는
이제껏 살며 못 깨우친 사랑을
그녀의 푸른 눈을 통해서
하나씩 읽어낼 거야

꽃무늬 벽지

올가을에 시집을 내려면
시집 모셔둘 방을 예쁘게 단장해야겠다고
꽃무늬 벽지를 사 왔다

참 이상하지. 이제 봄의 향연에 들어섰는데
벽면에 풀을 바르기 전인데
살짝만 건드려도 흔들릴 것 같은 코스모스 닮은 여인이
봄을 박차고 튀어나와 나를 껴안는다

생의 매듭을 풀고 이제 막 싹을 틔운
풀꽃의 새싹들 입에 밥풀 같은 꽃을 물고
끙끙거리는 저 눈망울들

모두 방 안에 들여 나의 가치관을 접목한다

하늘도 벗고 나도 벗고
홍엽이 가파른 산을 더듬을 때쯤이면
각기 다른 이념으로 불타는 나무도
가지를 뻗어온다

방 안을 기웃기웃 엿볼 것 같다

조릿대 베개를 베고

콧등에서 내뿜는 거친 숨결이
종이처럼 가벼운 내 마음 펄럭이게 할
명마 한 필 사러 가야지

말발굽에 금 편자를 박아
도로를 걸을 때마다
마이클 잭슨처럼 절도 있게 걸어야지

오름길을 따라 걷다 힘들어할 때면
치열하게 살지 못하는 너의 긴 갈기에
가장 부드러운 바람을 데려와
쓰다듬어 줘야지

여물통에 사료가 떨어질 때마다
서로 맞춘 눈을 놓지 않게
툇마루에 조릿대 베개를 베고 누워야지

돈 벌면 밀린
세금부터 납부하고
내년에는 꼭 말 한 필 사야지

4

강변의 갈대

사는 게 힘겨웠던 지난날,

금호강 벤치에 앉아 낡은 시집을 펼쳤다

신경림의 '갈대'였다, 내 마음도 따라서 흔들렸다

그 시인이 떠났다는 소식이 강물처럼

또 내 감정을 적셨다

강변의 갈대는 흔들리며 살아있었던 거다

금호강 물소리가 갈대의 목소리를 전해왔다

"너도 살아야 한다."고

이제 시인 신경림이 가고 없더라도

내 삶은 시집이 되어

강물을 따라 흐르리라

몸살

펜을 들 때마다 백지는 절정을 맛본다

전깃불 아래서 깜박이는 밤
방 안 가득 피어난 뼈들의 향기

문장으로 돌아가는 열정의 찌꺼기들
마지막 남은 향기의 파문을 일으킨다

무르익은 것은 어느 각도에서나
살갗으로 음미할 수 있어야 한다

불꽃처럼 튀어 오른 씨앗들
뜨거운 행간 속에서 더는 참지 못하고
툭, 터지는 울음을
흰 가슴으로 받아안는다

아버지의 속삭임, 천천히 가라는

아버지의 말속에 진리가 담겨 있다

발걸음, 조심스럽게 내디디며

천천히 가라는 그 말의 깊이를 헤아린다

때로 무거운 침묵처럼 다가오던 말

그 안에 숨겨진 의미는

세월이 흐르면서 조금씩 이해하게 된다

삶은 풀리지 않는 미스터리의 연속일지라도

우리는 그 속에서 스스로를 발견하고

앞도 보이지 않는 절망 속에서도 순간들을

가치 있는 등불인 양 맞이한다

도로 위의 현기증

혼자만의 길을 오토바이로 헤치고 있다

길의 굴곡 속에서 눈앞의 풍경들이
머리카락을 휘날리며 굽이쳐 흘러간다

바람에 흔들리는 마음은 도로 위를 끝없이 달려간다

현기증 말고는 찾아올 답은 없다 해도
나는 지금 자신을 찾아가는 중이다

주말장터

시간은 느리게 흐르고 소소한 일상의 면면이 드러난다

주말에 열리는 장터 속 소리와 냄새가 섞여
말하고 웃는 사람들에게서
향기와 소리는 점점 자라나서
빨갛고 노란 또는 진한 초록인 공간을 채운다

화려한 길가 꽃들의 손끝에 하루가 새겨진다

장터에서 내가 발견한 작은 세계는
혼잡 속에서도 바람은, 맑고 시원하게 분다는 것

삶의 진정성을 더해줄 그 무엇들이
하나둘씩 팔려나가고 있다

새벽 좌판 이야기

나는 좌판을 새벽에 펼친다
차가운 바람에 손끝이 얼어붙고
한 땀 한 땀 진열하며
하루의 첫 페이지를 연다
해가 떠오르면, 나타날 그가
따스한 밥 한 그릇 밥값을 치르고
물건 하나를 데려갔다
그의 발걸음은 가볍지만
언제나 내 마음엔
애지중지 떠나보내야 하는
묵직한 흔적을 남긴다
새벽부터 저녁노을 넘어가는 무렵까지
나의 하루는 이렇게 마무리된다
그는 떠나고, 나는 다시
새벽 장 준비를 시작한다
좌판 위의 일상은 계속되지만
그 속에서 찾아낸
소소한 기쁨들이 오늘도
내 하루를 지탱하게 한다

숲속의 나

이름 모를 새들 노래 속에
내 심장이 새로이 뛴다

도시의 소음과 번잡함을 뒤로 하고
시계 소음조차 사라진
자연의 품속에서
이른 아침, 나무 사이 비치는
첫 햇살로 나를 깨운다
소문도 없이 쏟아지는 별들이
밤의 숲을 은은히 비춘다
영혼이 자유로울 만치 자유로워졌을 때
작은 풀꽃에서도 깨달음을 얻는다
도시로 다시 돌아가더라도
이곳에서 배운 것들은
내 가슴에 다시 돌아가야 할
한 장 보물 지도로 남는다

사랑의 노래

끝없는 우주에서
우리의 사랑 서로를 찾아냈다

별빛처럼 반짝이는 너의 눈은
내 마음 빛에 물들어 간다

우리의 이야기는
시간의 흐름을 넘어
새롭게 피어나야 할
결점 없는 예술이어야 했다

아픔이 사랑의 색을 입히고
그 사랑 더 깊고
풍성하게 만든다는 것을 알 때
동반을 꿈꾸게 된다

함께하는 이 순간들이
소중히 여기질 때
인생은 써 내려가도 좋을
아름다운 선물이 된다

바람 타고 떠나는 길

꿈꾸던 일이 뜻대로 되지 않는 순간
나는 바람을 타고 멀리 떠나고 싶다

언덕 너머, 보이지 않는 곳까지 가서
하늘과 맞닿은 길을 찾고 싶다

나그네가 되어, 별빛 속에서 노래를 듣다가
하늘을 향해 두 팔을 벌려
내 울음소리로 하늘을 울리고 싶다

가슴에 품고 있는 꿈을 포기하지 않으며
하루하루를 사막의 전갈처럼 걸어서
내가 갈 길을 찾아가리라

철제 프레임 속 이야기

녹슨 철제 프레임과 노즐이 오래된
낡은 분무기가
여름 뜨거운 햇살 아래 놓여 있다
안개처럼 농약 뿌려대던 지난날을
그리워하고 있다고 말하면
왠지 화를 덜컥 낼 것 같다
굳은살 손의 기억과 속삭이던 날이
꿈의 조각들과는 무관할 수도 있다
이야기를 잃어버린 기억으로
다시 피어날 꿈을
무슨 수로 담을 수 있단 말인가
뿌리는 것은 단순한 농약이 아니라는 것은 알지만
삶의 고단함과 희망이 교차하는 곳에서
풍요로운 수확을 꿈꾸었을 욕심에
분무기는 그저 고민했을 뿐
철제 프레임은 오늘도
분사될 그 무엇인가를 가두어야 하는
막막한 자신의 이야기를
가을볕에 들려주고 있다

오징어의 여정

새벽 바다를 질겅질겅 씹다가
미세한 파도 속에서
가족과 함께 자유를 만끽하다
잡혀 온 오징어는 행복할까 불행할까를
번갈아 떠올린다
지금 내가 씹는 오징어는
그러나 어쩌다 그물에 걸려
차가운 빛 속으로 억지로 끌려 나와
꾸덕꾸덕 말랐을 그 오징어
항구의 소음 속, 오징어는 상자에 갇히고
바다와 가족과 헤어진 뒤 트럭에 실려
시장에서 진열대 위, 수많은 시선 속에서
그는 바다의 평화와 가족의 품이 그립다고
수없이 버둥거리기도 했을까
이방인의 고독에 씹히는 이 느낌은
얼마나 공포스러울까
마지막 눈감는 순간이 끝이 아니어서
살점 갈갈이 찢기고 난 뒤
타인의 타액에 녹고 녹아

꿀꺽 삼켜지고 말리라
멀쩡한 사람을 씹어대는 술자리가 아닌
그나마 시인의 입안이어서 다소
위로는 되겠지만

옥수수밭에서

옥수수는 조용히 자란다

난데없는 비를 만나 어깨가 젖지만

바람의 속삭임을 귀에 담고

반짝이는 잎사귀로 햇살을 끌어모아

안테나를 세운 옥수수는

흰 수염을 붉은빛 수염으로

다시 어느 날 검게 물들인다

우리는 그 한 생의 밭에서

가지런히 웃는 법을 배운다 .

내비게이션

몸엔 수많은 길이 꿈틀거린다

60킬로의 경제속도에 맞춰
고정관념에 갇힌 채
습관에 따라 움직이던 내가
바짓가랑이에 먼지 묻히고 길을 나서다가
흘러나오는 여자 목소리에
고분고분해진다
방지턱이며, 바닥 미끄러움도 알려주며
붉은 신호등 앞에서
오랜만에 떠올린 첫사랑 생각에도
찬물을 끼얹는다
앞만 보고 달려온 습관을
더욱 앞만 보고 달리라 하니
이제는 업데이트할 때다

눈 감고 있어도 알아서
데려다줄 수 있게

후회 속의 알

신선한 계란을 기다리며
재래시장에서 암탉을 데려온 날
작은 방엔 후회가 남아 있다

사료를 사고 닭똥을 치워도
알은 여전히 침묵하고
닭은 날개를 펼쳐
더 넓은 공간을 요구했다

변해버린 닭을 보며
내 선택을 또 후회한다

떠나간 문장들이 골목을 배회하는데,
나는 좁은 방 안에는
기다림만 깃털을 잔뜩 뽑아놓는다

고요한 후회가
내 안에 알로 쌓여간다

마른 불쏘시개

아궁이에서 붉은 불길이 솟구치고
하얗게 쌓이는 잿더미 위에
사라지는 불씨의 모습을 바라본다

남긴 하얀 재를 보며
어떤 위로의 말을 건넬지, 고민한다

재를 불어내면 갈꽃이 춤추듯 흔들릴까?

지금까지의 삶을 되돌아보며
놓친 것과, 얻은 것을 생각한다

더는 태울 게 없는 아궁이 앞에서
마른 불쏘시개처럼 움츠린다

매운 연기가 눈을 자극하더라도
더는 울지 않으려 한다

선풍기 고치는 아저씨

스스로를 철망 속에 가두고
돌고 돌리는 하루를 반복한다

작은 바람을 일으키는 모터가
주위를 시원하게 만드는 대신
고단한 몸을 부지런히 돌린다

천식 흡입기를 손에 쥔 채
죽은 바람을 살려 일으키며
작은 힘으로 큰 변화를 꿈꾼다

꽃가루와 먼지 속에서도
시원한 숨결을 찾으려 애쓰다가
세월에 지친 몸을 감싸는
뜨거운 열정이 남아 있다

선풍기 한 대가 돌아가는 방 안
가난한 집안에서
따뜻한 미소를 얼굴을 지으며

그럭저럭 하루를 살아가는 아저씨

대구 서구 비산동에서
가슴에 사선을 두르고
여전히 현역으로
먹고살기 위해 바람을 돌린다

소낙비에 젖다

퇴화한 감정을 정리하며
느릿느릿
낯선 길을 걷는다

물길을 따라 흐르는 저녁이
추억의 자국을 씻으려
짙어 오는 땅거미

노인은 자식의 손에 이끌려
이웃에게 붉어진 눈빛 인사를 남기고
요양원 갔다

시월이어서 더 쓸쓸한 건지
삼킨 말들을 가슴 속에 묻고
작아진 몸으로
길을 떠났다

노인의 뒷모습에서
느껴지는 현실과 윤리는

길어진 그림자로 숨을 쉰다

앰뷸런스가
급경사를 내려가는데
돌아올 수 없는 예감이
골목을 빠져나가자

몰려온 먹구름이
소낙비를 쏟고 간다

해설
바이크와 함께하는 삶의 여정

이 태 수 | 시인

i) 전기웅은 끊임없이 길을 나서는 시인이다. 그 길은 '좌판坐板'으로 은유되는 생존의 현장으로 가는 길이고, 고난에서 자유롭지 못한 삶의 서사敍事들을 뛰어넘기 위해 달리는 길이기도 하다. 삶의 무게를 지탱하고 극복하려 달리는 그 길에는 한결같이 바이크가 동반한다. 그 반려는 고락을 함께할 뿐 아니라 끊임없는 모색과 인내를 받쳐주고, 더 나은 삶을 찾아가게 추동推動하는 에너지가 돼주기도 한다.

시인은 그 길 나서기가 비록 풀리지 않는 미스터리의 연속일지라도 거시적巨視的인 시각으로 우주와 자연의 질서에 거스르지 않고 겸허하게 순응하려 한다. 흐르는 시간은 상실감과 무상감無常感을 안겨주게 마련이지만, 부단히 온전한 사랑을 갈망하고 추구하며 미래지향적인 꿈을 꾸는 자세를 흩트리지 않는다.

시인의 길 걷기가 내면으로 향할 때 한결 더 깊고 그윽해 보이는 건 무엇 때문일까. 거의 예외 없이 대상을 곧이곧대로 그리기보다는 심성이 반영된 자기성찰自己省察로 변용된

심상 풍경을 빚고 있으며, 승화된 시를 지속적으로 지향하듯이 더 나은 삶을 향한 형이상적인 사유의 끈을 놓지 않기 때문이기도 할 것이다.

ii) 시인은 일상사에서 마주치는 서사들을 자기성찰로 이어지는 심상 풍경으로 변용해서 떠올린다. "시도 때도 없이 울어 쫓겨난 수탉 한 마리 데려와/ 구들장 식은 방에 둔다// 밤이 되자 큰소리로 홰를 친다// 시끄럽다며 어르고 달래봐도 막무가내다// 저 엉뚱한 고집 누굴 닮았나/ 〈중략〉// 이 속없는 것을 밤새 달래다가/ 묘한 동질감에 퍼덕이는 날개를 잡고/ 나도 함께 울어본다"(「수탉」)는 대목에서와 같이 대상과의 동질성同質性을 확인하는 경우도 없지 않지만, 대상을 주관화하면서 자기성찰로 귀결되는 심상 풍경을 빚게 마련이다.

    젖 물고 자란 둥지를
    떠나보내는 어미 원앙의 지시에 따라
    젖살이 남은 새끼 원앙이
    가파른 절벽을 뛰어내린다

    〈중략〉

    둥지와의 결별을 선언하고
    여정이 힘겨울 때도
    원앙은 어미의 젖꼭지를 기억한다

> 잰걸음으로 사라지는
> 먼 풍경 속 원앙을 바라보며
> 한 사람만을 위해 꽃을 피웠던
> 사랑을 떠올린다
>
> ─「그리운 소통」 부분

어미 원앙은 어린 새끼를 보호하며 키우다가 일정한 시기가 되면 젖살이 남아 있어도 강인하게 살아남게 하려는 독립심을 심어주고 홀로서기를 할 수 있게 하기 위해 절벽으로 내몬다. 이를 지켜본 시인은 시선을 자신에게 돌린다. 그런 상황에서 새끼 원앙이 힘겨울 때는 어미의 젖꼭지(사랑)를 기억할 것이라고 유추하면서 자신의 어머니 사랑을 반추하며 진정한 모성애母性愛를 떠올려 상호 '그리운 소통'이라는 등식을 빚는다.

그런가 하면, 흙과 싸우는 공공근로 노인들과 바위틈을 뚫고 자란 개망초를 바라보면서는 "장맛비에 견뎌낸 나도/ 진정한 자아의 부스스한 머리를 두고/ 이게 꽃이라며 움켜잡는다"(「잡초」)고, 고난 속에서도 기죽지 않고 살아야 할 이유를 찾는 한편 오토바이 사고 때는 그래도 따뜻한 세상인심에 안도安堵하게 된 체험을 소환하기도 한다.

> 오토바이가 빗길에 미끄러지자
> 뒤집힌 풍뎅이처럼
> 단절된 줄 알았던 인간관계가 깨어난다
>
> 생면부지의 사람들이 몰려와

휴대폰 꺼내 들고
어디론가 전화를 걸고
넘어진 오토바이를 일으켜
도로 가장자리에 갖다 놓는다

구급대가 달려올 때까지 기다리다가
침묵하며 다시 제 갈 길로 가는 사람들

〈중략〉

눈 마주치지 않으려 했던 고립된 엘리베이터 안에서
적막의 커튼을 치고 숨어있던
어색함의 봉인을
아무는 상처의 딱지인 듯

나 뜯어낸다

—「껍질」 부분

  오토바이를 타고 달리다가 빗길에 미끄러져 넘어지는 사고가 났을 때 목격한 사람들의 모습을 먼저 그리고 있는 이 시는 그 사고가 되레 인간관계에 대해 긍정적으로 깨어나게 했다고 한다. 시선을 옮겨 엘리베이터 안에서 사람들과의 단절을 떠올리면서는 그 어색함을 '아무는 상처의 딱지'처럼 뜯어내기에 이른다. 그런 어색한 인간관계와 그로 인한 단절이 '껍질'이라는 깨침 때문이기도 하다.
  봄꽃들이 피었다가 지는 모습을 "봄꽃이 허공을 밝히다가 떨어져 내린다"는 묘사로 시작되는 「물구나무 수행법」

의 경우는 꽃이 지는 꽃나무를 "끌어올릴 힘 없는 물관이/ 초라한 몸을 감싸며/ 비바람 몰아치는 골목에서 나를 품는 다"고 감정을 이입移入해서 바라본다. 이어서는 때 묻은 지 구본과 수석壽石이 거꾸로 놓여 방치되고 있는 장면을 묘사 하면서 비약적인 상상력으로 자기 현실 극복 의지로 방향 을 전환한다.

> 비명 없이 추위를 견딘 것들
>
> 물을 뿌리면 가슴에 고인 눈물이
> 내 몸을 타고 흐른다
>
> 먼지 낀 지구를 들어 올리면
> 보듬어 주는 손길이 느껴지고
> 서로의 이름을 부르며
> 우주에서 가장 아름다운 별이 된다
>
> 오늘도, 그렇게 살고 싶다
>
> ―「물구나무 수행법」 부분

수석은 비명을 지르지도 못하는 무생물이지만 방치됐다 가 물을 뿌려 먼지를 씻어내고 물기를 머금게 하면 "가슴에 고인 눈물이/내 몸을 타고 흐른다"고 한다. 이 같은 표현은 다소 과장이기는 하나 시적 묘미를 돋우어 준다. 수석을 의 인화擬人化하고 자신의 처지와 연계시키면서 시인의 지향하 는 바 따뜻한 마음자리를 내비쳐 보이기 때문이다.

먼지를 씻어내 바로 세운 지구본이 우주를 떠올리게 하

고, 수석의 별 문양은 "우주에서 가장 아름다운 별"로 승화시켜 들여다보는 시각도 역시 마찬가지다. 시인은 이 같은 현실 넘어서기의 방법을 '물구나무 수행법'으로 명명하면서 그렇게 살려는 의지를 완곡하게 드러내 보이고 있다.

> 차가운 돌이, 속 뜨거운 꽃을 삼켰다
>
> 송이송이 꽃을 피우기 위해
>
> 심장을 내어주고 숨결 죽인 채
>
> 오장육부는 검은 반점으로 굳어갔다
>
> 곡선으로 둥글게 휘어진 길을 걷다 만난
>
> 꽃돌 무늬가 뿜어내는 빛깔에는
>
> 모진 풍파를 견딘 별과 달의 세월이 돌의 안쪽에서
>
> 조막손을 펴고 있다
>
> 억만년 전에 피었던 흑국이라는 건지
>
> 돌의 살결 문지르고 문질러 보는데
>
> 나타나는 꽃의 형상은 멀지 않은 인연이다
>
> 바로 앞 생에 어루만지던 손금이 되어
>
> 깎은 은행나무 좌대에 앉은 채로
>
> 청송의 하늘을 품고 있다
>
> ―「청송 꽃돌」 전문

앞의 시를 받쳐주는 듯한 이 시는 정송 꽃돌과의 인연을 비약적인 발상으로 아름답게 노래한다. 꽃을 품고 있는 돌을 "심장을 내어주고 숨결 죽인 채" 우주의 운행運行을 끌어안고 있었듯 "모진 풍파를 견딘 별과 달의 세월이 돌의 안쪽에서// 조막손을 펴고 있다"고 그리는가 하면, 자신과의 인연이 "곡선으로 둥글게 휘어진 길을 걷다"가 이어졌다고도 한다.

더구나 자신의 전생前生에 "어루만지던 손금"이 돌에 나타나는 꽃의 형상이라 멀지 않는 인연이라며, 좌대에 앉힌 그 꽃돌과 자신의 손금이 "청송의 하늘을 품고 있다"는 비약까지 불사하고 있어 시인 특유의 과장법이 시사하는 바도 새겨볼 만하다.

iii) 사람들은 현실이 언제나 밝은 길보다는 그늘과 고난을 안겨 주기 십상이어서 감당하기 어려운 삶의 무게를 느끼며 살아가게 마련이다. 시인은 그래서 "삶의 무게는 저마다의 사연을 품은 채/ 천천히 몸속에 스며든다"(「삶의 무게」)며, "한때 불타올랐던 열정은/바람 앞에 흔들리는 갈대처럼 서서히 가라앉는다"(같은 시)고 토로吐露하고 있을 것이다. 그러나 그런 현실 속에서의 끊임없는 모색과 인내는 그 시련을 넘어서게 해 주기도 한다.

> 시간의 흐름은 그 속에서
> 고요히 새로운 빛을 찾아가다가
> 어둠과 빛이 맞물려 하나의 풍경을 완성한다

> 날카로운 현실의 조각들은
> 불시에 다가와 손을 베지만
> 그 조각들을 맞추어 우리는 견디며 살아간다
>
> 삶의 무게를 짊어지고 어두운 골목을 지나며
> 그 무게 속에서 비로소
> 스스로를 새롭게 발견한다
>
> ―「삶의 무게」 부분

시인은 그 모색과 인내로 고요히 새로운 빛을 찾아가며, 굳이 '고요히'라는 단서를 달아놓기도 하고, 날카롭고 어두운 현실의 조각들을 찾아가는 빛과 맞물리게 맞추면 그 삶의 무게에서 스스로를 새롭게 완성된 풍경을 발견하게 된다고도 한다. 이때의 '고요히'라는 말은 우주의 질서나 순리에 따른다는 의미와 '인내'라는 말로 바꿔 읽어도 좋을 듯하다.

자신뿐 아니라 타인들을 바라보는 시각도 거의 마찬가지다. 불볕 아래서 묵묵히 건축 일을 하고 사람들을 지켜보면서 "아스팔트 위, 햇살이 녹아내리는 한낮/ 바람도 숨을 죽인 채/ 땀방울이 이마를 적시고/ 옷자락은 태양의 무게를 지고 있다"(「불볕 아래의 건축자들」)거나

> 그들은 무더위 속에서
> 텅 빈 자리에 새로운 기틀을 새우며
> 기억 저편, 강가의 그늘에서

> 폭풍의 메아리를 되새기며 다시 일어나
> 삶의 짐을 어깨에 짊어진다
>
> 자연의 흐름 속에서
> 묵묵히, 그러나 깊은 내면으로
> 지는 해와 흐르는 구름을 바라보며
> 불볕 속에서도 꿋꿋이 그들의 삶을 이어간다
>
> ―「불볕 아래의 건축자들」부분

는 대목도 역시 같은 맥락으로 다가오기 때문이다. 시인의 눈에는 이들의 노동이 태양의 무게를 지고 있으며, 빈터에 새로운 기틀을 새우는 삶의 짐을 진 채 불볕 속에서 "깊은 내면으로/ 지는 해와 흐르는 구름을 바라보며" 묵묵히 자연의 흐름에 순응하는 모습으로 그리고 있다.

폭우가 쏟아져 큰 나무들은 이겨 내지만 그 그늘에서 자라다가 휩쓸리는 작은 나무들을 바라보면서는 자연의 질서를 "마음이 큰 사람 밑에는 살 수 있지만/ 큰 나무 밑에는 작은 나무가 숨 쉴 공간이 없다"(「문상」)고 뒤집으며 '마음이 큰 사람'을 예찬하는 경우도 있다. 하지만 이 경우는 '작은 나무들'에 연민憐憫이면서 그런 사람들이 갈망하는 심경心境을 에둘러 표현하는 것으로도 볼 수 있다.

시인은 자연을 거스르지는 않으며, 인간과의 상관관계에서 부정적인 요소가 없지 않다고 하더라도 궁극적으로는 우주와 자연의 질서와 순리에 순응함으로써 위안을 얻고 평온平穩도 찾게 된다.「빗방울」은 그 한 예다.

> 빗방울이 닿은 곳마다
> 젖지 않는 것은 없다
> 〈중략〉
> 이렇게 생을 젖게 만드는
> 빗방울은 강물이 되고
> 그 흐름 속에서 건강한
> 이승의 맥박 소리 듣는다
>
> —「빗방울」 부분

　빗방울은 인간뿐 아니라 모든 사물을 젖게 하지만 그 빗방울들이 모여서 강물을 이루고 그 강물의 흐름은 이 세상의 건강한 맥박脈搏이 된다고 일깨운다. 일시적으로 불편하게도 하는 자연 현상을 거시적인 시각으로 바라보며 그 질서와 순리를 예찬하는 경우에 다름 아니다.

　봄이 멀지 않은 겨울밤에 내리는 눈을 "깃털처럼 부드러운 눈송이들은/ 땅에 닿아도/ 차가운 발끝을 향해 따스한 위로를 전하며/ 봄의 꿈을 엮는다"(「그믐달」)거나 창문에 비치는 달빛을 "길 잃은 이에게 보내는 불빛처럼/ 스스로를 비추며 조심스레 다가와/ 각성의 언어로 나를 깨우려 한다"(같은 시)는 대목 또한 "세월의 수레바퀴에 귀 기울여/ 자연과 조화하"(「감동」)려는 순응의 자세와 무관하지 않아 보인다. 게다가 봄은 그 절정의 한때를 포근하고 따스하게 느끼게 해준다.

유채꽃 핀 길을 따라
봄나들이 나서니
햇살 지느러미가
밭둑에 조용히 내려앉는다
꽃잎 사이로
천 개의 섬세한 손길이
살며시 스며든다
희미한 들녘에선
엄마를 부르는
앙증맞은 꽃들이
장터의 왁자지껄한
웃음소리로 울려 퍼진다

—「봄날」 전문

  봄나들이하며 자연이 안겨주는 느낌을 신선하고 첨예尖銳한 감각적 언어로 그려 보이는 시다. '햇살의 지느러미', 조용히 내려앉는 햇살의 '천 개의 섬세한 손길', '엄마를 부르는 앙증맞은 꽃', 그 꽃들을 '장터의 왁자지껄한 웃음소리'로 묘사하는 언어 감각과 감성이 돋보이며, 봄의 분위기를 한껏 두드러져 보이게도 한다.

  시인의 이 같은 언어 감각은 담쟁이를 "척추도 없는 것들이, 한 올 한 올 잇대어 놓은/ 줄기에 깍지를 낀 채/ 금 간 벽 생채기를 보듬고 있다"(「흉터를 보듬으며」)고 하는 묘사나 "방황하는 별의 날갯짓은 캄캄한 밤 속에서도/ 희망의 길을 밝힙니다// 그 날갯짓은, 우리 내면의 별을 깨우며/ 희망의 빛을 나누는 등불이 됩니다"(「방황하는 별의 날갯짓」)라는 대목에서도 반짝이고 있다. 시인에게 자연은 이같이 아름다운 희망의 전언傳言과 축복이라는 뉘앙스를 안겨주는 것으로 귀결된다.

　ⅳ) 시인은 흐르는 시간에 대해 민감敏感하게 반응한다. 「교감」에서 시계 소리가 "우주까지의 거리를 째깍째깍 계산하며/ 부드럽게 이어진다"라면서, 그 소리와 "우리의 숨결이 맞물려 조용히, 그러나 깊게" 서로의 존재를 느끼게 한다고 밝히고 있다. 「타오르는 아궁이」를 통해서는 불씨가 붉게 타오르는 아궁이 앞에서 "넉넉한 불씨를 헤집는 이 순간에도/ 건조한 시간은 두 눈 부릅뜨고/나는 나를 조용히 지켜본다"고 흐르는 시간과 그 시간 속의 자신을 대비對比해서 떠올린다.

　「연둣빛 속삭임」과 「붉은 시선」에서도 이른 봄과 여름의 흐르는 시간에 천착하면서 "조용히 흐르는 발밑의 연둣빛이/ 그 사랑을 고백하자, 농짝에 걸린 무쇠 경첩에서/ 허공을 가르며 나비가 날아올랐다"(「연둣빛 속삭임」)는 환상을 불러오는가 하면, "햇볕 아래 조용히 숨을 쉬는 고추들, 그들의 붉은 날개는/ 여름의 따사로운 품 안에서/ 천천히 익어간다"(「붉은 시선」)고 시간의 가져다주는 의미를 개성적인 시각으로 떠올려놓는다.

　　　분홍 제비꽃 수줍게 고개를 들게 한
　　　바람이 옆구리를 스치자, 온몸을 비틀며 소리 없는 춤

> 덩실 더덩실 입춘의 발걸음에 맞춰
> 산수유는 꽃망울을 연다
>
> 나는 혼자여도 사랑을 갈망할 때가 된 것이다
>
> ―「연둣빛 속삭임」 부분

 사랑에의 갈망을 전제하고 있는 듯한 이 시는 이른 봄의 속삭임 같은 시간을 묘사하면서도 "분홍 제비꽃 수줍게 고개 들게 한" 그 연둣빛 속삭임(봄바람)이 온몸을 비틀며 소리 없는 춤을 추는 입춘의 발걸음에 맞춰 산수유꽃이 피는 역동성(생동감)을 발견한다. 화자도 그 시간의 기운에 사랑을 갈망하게 되는 건 당연지사當然之事일 것이다.

 또한 여름에 이르러서는 고추가 "비록 작지만, 그들은 온몸을 던져/ 모두가 고요한 붉음으로 물"(「붉은 시선」)들게 하고, "자연에 몸을 맡기고/ 흙으로 돌아가는 그 순간까지,/ 그들의 붉음은 사라지지 않"고 "세상에 남아 조용히 불꽃을 지핀다"(같은 시)고 여름 낮에 흐르는 시간을 붉은 고추에 비추어 들여다본다.

 때로는 마주치는 장면(대상)에 흘러간 시간이 되돌아오는 환상幻想에도 젖는다. 바이크(오토바이, 또는 자전거)를 타고 달리다가 멈춰 나무 그늘에서 쉬면서 달구지를 바라보며 "도로변에 전시된 소달구지에/ 귀를 기울이면// 덜컹거리는 바퀴 소리와 먼지 날리는 흙길이/ 고향 길목의 노래를 들려준다"(「삶의 길, 덜컹거리는」)는 묘사가 그러하다. 지금은 제 기능을 하지 않고 있는 소달구지가 지난날 고향에서의 기억들은 생생하게 불러다 준다.

> 잎 넓은 그늘에서 쉬어가는 한때
> 불어오는 바람이 달구지와 나를 감싸고
> 소와 나 서로의 눈망울 속에
> 한 줄기 빛을 담는다
>
> 힘든 일 마다치 않던 소의 체취도 말라버린
> 지나온 길을 숨 고르듯 핸들 돌리며
>
> 녹슨 내 바퀴는 천천히 따라간다
> ―「삶의 길, 덜컹거리는」 부분

시인은 옛 추억을 반추하면서 그 시간에 불어오는(스쳐 가는) 바람이 달구지와 '나'를 감싸고 한 줄기 빛을 담는다 면서도, 힘든 일을 묵묵히 하던 소에 대한 짙은 그리움을 그 체취도 말라버렸다고까지 여기며 아쉬워한다. 그래서 그 자리를 뜨면서도 삶의 길이 덜컹거린다고 느끼게 되며, 지나온 길을 숨 고르듯 바이크의 녹슨 바퀴가 그 길을 천천히 따라간다고 표현한다. 여기서 더욱 주목되는 부분은 바이크의 바퀴가 '내 삶의 바퀴' 같다는 인식이다.

일상에서 시인과 가까운 사이이기도 한 바이크에 대한 애착은 각별하다. '시크한 눈매', '섹시한 허리 라인', '몸매를 정성스레 닦아', '죽도록 사랑할 수밖에 없는', '불멸의 사랑' 이라고 수식할 정도이며, 인격이 부여된 애인처럼 의인화되어 있다.

덮어씌웠던 바를 벗기자, 시크한 눈매의 바이크가
섹시한 허리 라인을 드러내며
굳어 있던 내 마음을 이완시킨다

외로웠을 그녀의 몸매를 정성스레 닦아
몸을 밀착시키자, 웅장한 배기음이 터져 나오며
질서를 벗어난 자유가 시작된다

구부러진 국도를 따라 커브를 돌 때마다
새롭고 낯선 풍경들이 바퀴에 튕기며 스쳐 간다

지금 눈 앞에 펼쳐지는 스크린은 현실이 아닌 낭만이다

내 몸이 가벼워진다, 피가 뜨거워진다
견고했던 성벽이 뚫리며 시작되는 하루의 일탈
이 순간, 다시 태어나도 그녀를 만나고 싶다는 갈망이
가슴 깊이에서 불타오른다

죽도록 사랑할 수밖에 없는
바이크 그녀와 함께라면
이 세상의 모든 길은
끝없는 황금빛으로 펼쳐지리라

―「바이크, 불멸의 사랑」 전문

  바에 덮여있던 바이크를 외롭다고 본다든지, 바를 벗기자 그 눈매와 허리 라인이 굳어 있던 마음을 이완시키고 정성스레 닦아 시동을 걸자 '질서를 벗어난 자유'가 시작된다는 표현은 사랑하는 사람과의 아름답고 뜨거운 관계를 떠올리게 한다.

갑갑한 상황을 벗어난 바이크와 '나'가 밀착돼 함께 행동하는 관계는 새롭게 낯선 풍경을 만나게 할 뿐 아니라 몸이 가벼워지고 피가 뜨거워지는 현실 너머의 낭만과 일탈逸脫의 자유를 안겨주므로 다시 태어나도 "만나고 싶다는 갈망이/ 가슴 깊이에서 불타오"르게 하고, "죽도록 사랑할 수밖에 없"게도 할 것이다.

이 시에는 시간에 대한 인식이 과거형(회상)이 아니라 현재형이며, 미래지향적이기도 한 양상으로 드러나 있다. 시인은 그 미래지향적인 시간을 바이크와 연계해 바라는 바의 '이 세상 모든 길의 끝없는 황금빛'을 갈망하는 꿈을 꾸기도 하는 것으로 읽힌다.

시인은 「바위」에서 흐르는 시간의 무상無常을 "꽃으로 말하고 꽃으로 저무는 나무에/ 고요히 무릎을 내어준다"고 바위와 나무의 모습을 통해 바라보기도 하고, 「블루」에서는 "꽃을 나무를 사랑을 품는다"고 그 무상감 속에서의 자신의 소망을 드러내 보인다. 흐르는 세월 속에서 시인이 꿈꾸는 건 온전한 사랑이라는 것을 「백야」에서 암시하는 것으로도 보인다.

> 더위에 눌려 파닥이는 날이면
> 날개 따위는 방구석에 던져두고
> 허벅지까지 올라오는 부츠를 신은
> 여인을 만나러 남극으로 갈
> 꿈을 꾼다

나, 가진 것이라곤 얼음을 자를 톱과
조각칼이 전부지만
엄습하는 고독을 썰고 다듬어
한동안 기거할 얼음집 한 채
지으려 한다

〈중략〉

뜨거운 잔 속에 눈발도 넣고
은하수가 더 빛나는 밤에는
이제껏 살며 못 깨우친 사랑을
그녀의 푸른 눈을 통해서
하나씩 읽어낼 거야

—「백야」 부분

 v) 전기웅의 일련의 시는 자신을 찾아가는 도정道程에 주어진다. 그 길 나서기는 "삶은 풀리지 않는 미스터리의 연속일지라도// 우리는 그 속에서 스스로를 발견하고// 앞도 보이지 않는 절망 속에서도 순간들을// 가치 있는 등불인 양 맞이한다"(「아버지의 속삭임, 천천히 가라는」)는 겸허한 자세를 담보하고 있으며, 일찍이 들었던 아버지의 당부의 말이 귀감이 되어 준 것으로도 보인다.

 아버지가 '천천히 가라'고 한 당부의 말은 "현기증 말고는 찾아올 답은 없다 해도/ 나는 지금 자신을 찾아가는 중"(「도로 위의 현기증」)이라는 결의決意를 굳게 하고, 끊임없이 도전하도록 추동해 주었는지도 모른다. 「바람 타고 떠나는 길」은 순리를 거스르지 않고 보이지 않는 곳까지 사막의 전갈처럼 걸어서 가려는 결의를 보여준다.

> 꿈꾸던 일이 뜻대로 되지 않는 순간
> 나는 바람을 타고 멀리 떠나고 싶다
>
> 언덕 너머, 보이지 않는 곳까지 가서
> 하늘과 맞닿은 길을 찾고 싶다
>
> 〈중략〉
>
> 가슴에 품고 있는 꿈을 포기하지 않으며
> 하루하루를 사막의 전갈처럼 걸어서
> 내가 갈 길을 찾아가리라
>
> ―「바람 타고 떠나는 길」 부분

바라는 바의 일이 성사成事되지 않을 때도 자연과 세상의 순리를 따라(바람을 타고) 멀리 보이지 않는 곳까지 가려는 길 나서기는 '하늘과 맞닿는 길'이라는 궁극적 지향과 맞물려 있으며, 그 부단한 지향은 기필코 가야 할 길이면서 가슴에 품고 있는 꿈을 포기하지 않는 길 찾기이기도 한 것 같다.

일상 속에서의 현실적인 길 걷기는 생존의 길 걷기이며, 하루하루의 삶과 깊이 밀착된 길이다. 그래서 시인은 "나는 좌판을 새벽에 펼친다/ 차가운 바람에 손끝이 얼어붙고/ 한 땀 한 땀 진열하며/ 하루의 첫 페이지를 연다"(「새벽 좌판 이야기」)라고, 그 사실을 구체적으로 토로한다. 물건을 사는 사람과 자신의 관계가 얻고 잃으며, 가벼운 발걸음과 무거운 마음이 교차하는 관계로 묘사되기도 하지만, 기실은 좌판 위의 그 물건들을 팔고 사는 일상의 반복이 소소한 기쁨을 안겨줘 하루하루를 지탱하게 한다는 것이다.

> 해가 떠오르면, 나타날 그가
> 따스한 밥 한 그릇 밥값을 치르고
> 물건 하나를 데려갔다
> 그의 발걸음은 가볍지만
> 언제나 내 마음엔
> 애지중지 떠나보내야 하는
> 묵직한 흔적을 남긴다
> 새벽부터 저녁노을 넘어가는 무렵까지
> 나의 하루는 이렇게 마무리된다
> 그는 떠나고, 나는 다시
> 새벽 장 준비를 시작한다
> 좌판 위의 일상은 계속되지만
> 그 속에서 찾아낸
> 소소한 기쁨들이 오늘도
> 내 하루를 지탱하게 한다
>
> ―「새벽 좌판 이야기」 부분

시인은 「새벽 좌판 이야기」에서와는 달리 옥수수가 자라며 "바람의 속삭임을 귀에 담고/ 반짝이는 잎사귀로 햇살을 끌어모아// 안테나를 세운 옥수수는// 흰 수염을 붉은빛 수염으로// 다시 어느 날 검게 물들"(「옥수수밭에서」)이는 모습을 바라보면서 "그 한 생의 밭에서// 가지런히 웃는 법을 배운다"라고, 식물의 성장 과정을 통해 '한 생의 밭'에서의 웃는 법도 터득한다.

  영근 옥수수 알들이 가지런하게 박인 모습을 마치 사람이 가지런한 이빨을 드러내고 웃는 형상으로 여기는 건 그런 마음의 반영임은 두말할 나위가 없다. 시인의 길 걷기는 외부로 향할 때보다 내면으로 향할 때 한결 깊고 그윽하다. 물론 희열喜悅도 고통과 인내를 전제로 한다. 시를 쓰는 과정을 그리고 있는 「몸살」을 그 한 예로 들 수 있다.

> 펜을 들 때마다 백지는 절정을 맛본다
>
> 전깃불 아래서 깜박이는 밤
> 방 안 가득 피어난 뼈들의 향기
>
> 문장으로 돌아가는 열정의 찌꺼기들
> 마지막 남은 향기의 파문을 일으킨다
>
> 무르익은 것은 어느 각도에서나
> 살갗으로 음미할 수 있어야 한다
>
> 불꽃처럼 튀어 오른 씨앗들
> 뜨거운 행간 속에서 더는 참지 못하고
> 툭, 터지는 울음을
> 흰 가슴으로 받아안는다
>
>   —「몸살」 전문

  시인은 왜 "펜을 들 때마다 백지는 절정을 맛본다"라고

할까. 비어 있는 흰 종이가 기다리던 글씨들이 쓰이기 때문일까. '뼈들의 향기', 그것도 '마지막 향기의 파문' 탓일까. 뼈의 향기는 각고刻苦 뒤에 잉태되는 어휘(시어)가 발산하는 향기라는 뜻일까. '무르익은 것'은 시어들의 외연外延과 내포內包가 일체감을 이루는 상태를 의미하는 것일까.

아마도 그렇게 읽어도 좋을 것으로 보인다. "불꽃처럼 튀어 오른 씨앗들"과 "툭, 터지는 울음"은 시의 완성으로, 마지막 문장 "흰 가슴으로 받아안는다"는 건 백지가 맛보는 절정 중의 절정이며, '흰 가슴'은 '시인의 가슴'이라고 읽어도 좋을 것 같다. 전기웅은 삶의 시적 변용을 갈망하는 시의 길을 천천히, 그러나 치열하게 걷는 시인이라는 생각이 든다.